Anne Scheller

Verdächtige Spuren

Anne Scheller

Verdächtige Spuren

Mit spannenden Experimenten zu verschiedenen Stoffen

Illustriert von Irmtraud Guhe

Hase und Igel®

Für Lehrkräfte gibt es zu diesem Buch
ausführliches Begleitmaterial beim Hase und Igel Verlag.

MIX
Papier aus verantwortungsvollen Quellen
FSC® C043106
FSC
www.fsc.org

www.hase-und-igel.de
Lektorat: Eva Christian
Satz: Arnold & Domnick GbR, Leipzig
Druck: Grafisches Centrum Cuno GmbH & Co. KG

ISBN 978-3-86316-268-9
1. Auflage 2024

Inhalt

Kurz vorgestellt:

Die Einstein-Detektive

Sara mag Action und ist sehr sportlich. Nachmittags ist sie oft für einige Stunden alleine in der Wohnung. Mama und Papa kommen meist erst abends von der Arbeit.

Cosmo liebt es zu basteln und zu tüfteln. Er wohnt mit seinem Papa und seiner kleinen Schwester Clara in einer Wohnung unter dem Dach.

Sara und Cosmo sind Freunde und gehen in dieselbe Klasse. Als **Einstein-Detektive** lösen sie Fälle und machen dabei Experimente – wie ihr Vorbild, der berühmte Forscher Albert Einstein. Ihre Detektivausrüstung haben sie immer dabei: Lupe, Maßband und andere nützliche Sachen.

1. Kapitel
Frühstück bei Kerzenschein

„Uuuuahhh!“ Sara gähnt. Sie setzt sich im Bett auf und streckt sich. Dann springt sie hoch. Sie hüpft auf der Stelle. Sie macht noch ein paar Kicks und Faustschläge in die Luft. Nun ist sie hellwach.

Kurz darauf sitzt Sara neben ihrer Mutter am Küchentresen. Langsam löffelt sie ihr Müsli. Draußen ist es wolkig und in der Küche herrscht trübes Licht. Wie öde! Doch da fällt Sara ihre dicke weiße Kerze ein. Cosmo hat sie ihr geschenkt. Er hat sie selbst mit kunterbunten Bildern aus Wachs verziert: einer gelben Sonne, einer knallroten Blume mit grünem Stängel und einem blauen Vogel. Cosmo ist nämlich ein Bastler und macht ständig Dinge selbst.

„Darf ich die Kerze anzünden, Mama?“, fragt Sara.

Ihre Mutter nickt und passt auf, dass Sara sich nicht verbrennt. „Wunderschön, wie sie leuchtet“, freut sie sich.

Sara beobachtet die Flamme, während sie ihren Kakao schlürft. Ach, ist das gemütlich! Sie muss Cosmo später von diesem Kerzenschein-Frühstück erzählen.

Saras Mutter trinkt den letzten Rest Kaffee und steht auf. „Ich muss los, Schatz.

Die Baustelle wartet“, sagt sie. Saras Mutter baut Küchen und Treppen in neue Häuser ein. Sie geht meist früh los und kommt erst am Abend nach Hause. Saras Vater ist momentan auf Dienstreise.

„Vergiss die Kerze nicht!“, ruft Saras Mutter an der Tür.

Fffft! Sara pustet die Kerze sofort aus. Eine weiße Rauchwolke steigt auf. Sara öffnet das Küchenfenster und stellt die Kerze auf die Fensterbank. Nun kann der weiße Rauch nach draußen ziehen.

Sara guckt neugierig hinaus. Mama winkt ihr vom Fahrrad aus zu. Ein Mann läuft mit einem Kinderwagen vorbei. Ein Hund hebt das Bein am Haus, direkt unter Saras Kopf. Sara kichert quietschvergnügt. Sie muss nämlich auch gerade ins Bad.

Bald ist es Zeit für die Schule. Sara packt den Ranzen und holt ihre Brotdose aus der Küche. Dabei schaut sie zum Fenster. Es ist noch offen und die Kerze … ist weg!

Sara runzelt die Stirn. Die Kerze muss heruntergefallen sein. Sara beugt sich aus dem Fenster und blickt auf den Gehweg – nichts. Dann sucht sie den Küchenboden ab und kriecht unter den Tresen – nichts.

„Eine Kerze kann sich doch nicht in Luft auflösen!“, sagt Sara laut. Noch einmal geht sie zum offenen Fenster. Erst da sieht sie es: weißes Pulver. Es liegt in einem kleinen Haufen auf der Fensterbank, genau da, wo vorher die Kerze stand. Sara hat keine Ahnung, was das ist. Aber eins ist ihr sofort sonnenklar: Das ist ein Fall für die Einstein-Detektive!

In der Schule erzählt Sara Cosmo, was passiert ist. Natürlich kommt er am Nachmittag zu ihr nach Hause, um sich den Tatort anzusehen. Die Fensterbank ist wieder sauber. Sara hat das weiße Pulver zusammengefegt und in ein durchsichtiges Tütchen gefüllt.

Cosmo nimmt ihr die Tüte ab. Er kneift die Augen zusammen und guckt genau hin. „Ist das vielleicht der Rest von dem Wachs?“, fragt er. „Ist die Kerze zu Staub zerfallen?“

Sara schüttelt den Kopf. „Ich glaube nicht, dass das geht“, sagt sie. „Außerdem müsste das Pulver in diesem Fall bunt sein. Schließlich waren bunte Figuren auf deiner Kerze.“

Cosmo ruft empört: „Dann ist die Kerze geklaut worden! Und der Dieb hat dabei das Pulver verloren.“

„Wir finden den Dieb“, sagt Sara entschlossen.

Cosmo holt Block und Stift aus der Tasche. „Also“, sagt er dann, „wann ist die Tat passiert?“

„Bevor ich zur Schule musste“, antwortet Sara. „Zwischen sieben und Viertel nach.“

„Wo ist der Tatort?“, fragt Cosmo weiter.

„Hier am Küchenfenster, weißt du doch.“

„Wer kam an den Tatort heran?“, will Cosmo als Nächstes wissen.

Sara seufzt. „Das Fenster war ja offen. Von der Straße aus konnte jeder die Kerze nehmen.“

„Zumindest alle Erwachsenen. Kinder sind dafür nicht groß genug“, wendet Cosmo ein. Er schreibt alles auf.

„Zum Glück haben wir eine Spur: das weiße Pulver“, erklärt Sara. Sie kippt eine kleine Menge aus der Tüte auf den Tisch. Sie schnuppert. „Es riecht nach nichts. Soll ich es probieren?“

Cosmo schüttelt den Kopf. „Viel zu gefährlich. Es könnte doch giftig sein!“

Sara schnaubt. „Giftig? Ich finde, es sieht aus wie Zucker. Oder Mehl.“

„Nein, eher wie Salz“, meint Cosmo.

„Dann lass uns vergleichen“, sagt Sara. Sie öffnet einen Küchenschrank und holt Salz, Zucker und Mehl hervor. Jeweils ein kleines Häufchen davon schüttet sie auf den Tisch. Cosmo beschriftet schnell kleine Zettel und legt sie dazu. So können sie die Pulver nicht verwechseln.

Cosmo schnuppert erst am Zucker, dann am Salz und schließlich am Mehl. „Sie riechen nach nichts, genau wie das Pulver vom Tatort."

„Vielleicht können wir mit meiner Lupe einen Unterschied erkennen", meint Sara.

„Genial!" Cosmo schnappt sich die Lupe und schaut das Pulver vom Tatort an. „Man sieht leider nicht besonders viel", murmelt er enttäuscht.

Auch Sara blickt durch die Lupe. „Ja, schade. Man sieht nur feines Pulver."

Nun betrachten die beiden auch Zucker, Salz und Mehl unter der Lupe.

„Aha!", ruft Cosmo. „Nur eines der drei sieht dem Pulver vom Tatort ähnlich."

„Welches meinst du?", erkundigt sich Sara.

Hilf Sara und mache den Versuch nach. Finde heraus, ob Zucker, Salz oder Mehl dem Pulver vom Tatort ähnlich sehen.

2. Kapitel

Ermittlungen auf vier Pfoten

Unter der Lupe sieht Sara es auch: Das weiße Pulver vom Tatort ähnelt dem Mehl. Man erkennt nichts als feinen Staub. Zucker und Salz sind anders, glatt und kantig. Der Zucker ist sogar richtig eckig.

„Das sind Kristalle“, weiß Sara. Sie ist neugierig. Durch die Lupe schaut sie jetzt ihre Hand an, den Esstisch und einen Wassertropfen im Waschbecken. Dabei fällt ihr etwas ein: „In der Schule haben wir mal Wasser unter dem Mikroskop angesehen. Weißt du noch? Man konnte darin winzige Lebewesen erkennen. Durch die Lupe sehe ich davon nichts.“

Cosmo zuckt mit den Schultern. „Vielleicht schwimmt in diesem Wasser nichts herum? Es kommt schließlich aus der Leitung. Die Lupe ist außerdem nicht so stark wie ein Mikroskop."

„Eben!" Sara schlägt eine Faust in die andere Hand. „Die Lupe vergrößert nicht genug. Das heißt: Wir können das Pulver nicht richtig untersuchen. Möglicherweise ist das Pulver vom Tatort einfach ein feinerer Zucker oder ein anderes Salz, aber wir können es nicht sehen."

Cosmo verzieht das Gesicht. „Hast recht, Sara … Und guck mal genau hin: Das Mehl ist auch nicht so hell wie das Pulver vom Tatort. Vielleicht ist es doch etwas ganz anderes … Was jetzt?"

Sara grübelt ein wenig. Dann schlägt sie vor, den Tatort draußen zu untersuchen. „Bestimmt wissen wir danach mehr." Sie schnappt sich die Lupe und saust zur Wohnungstür.

Kurz darauf stehen die Einstein-Detektive auf dem Gehweg vor dem Wohnblock. Cosmo zeigt auf die Hauswand unter Saras Küchenfenster. Dort klebt ebenfalls ein wenig weißes Pulver. Auf dem Boden sieht man auch Spuren davon.

Sara geht auf die Knie. Auf allen vieren untersucht sie den Gehweg mit der Lupe. Plötzlich stößt ihr Kopf gegen etwas Weiches und Feuchtes. „Wuff!“, macht es.

Sara sieht auf und grinst. Ein kleiner Hund schnuppert neugierig an ihren Haaren. Er hat Knopfaugen und Schlappohren. „Du bist ja süß!“, ruft Sara.

Doch das Frauchen des Hundes, eine ältere Dame mit pinken Haaren, zieht ihn weg. „Aus, Bobo“, sagt sie und wirft Sara einen strengen Blick zu. „Wasch dir sofort die Hände, Mädchen! Die Straße ist doch ganz schmutzig.“

„Keine Sorge, mache ich!“ Sara sieht der Frau strahlend hinterher.

„Was freust du dich so?“, fragt Cosmo. „Die Frau war schließlich nicht sehr nett.“

„Nein, aber ich hab eine Idee“, meint Sara. „Wir brauchen einen Hund.“

„Was? Wozu?“

„Na, als Spürhund!“ Sara springt auf. „Der kann an dem Pulver vom Tatort schnuppern und so den Täter finden.“

Cosmo legt den Kopf schief. „Es gibt da nur ein Problem: Wir haben keinen Hund.“

Doch Sara kennt sofort die Lösung: „Wir nicht! Aber Theo schon.“

Nun nickt Cosmo. Theo ist ein Junge aus ihrer Klasse. Er besitzt einen kleinen Hund namens Freddy. „Ob Freddy so eine gute Nase hat?“, fragt sich Cosmo.

Aber Sara will ihren Plan gleich in die Tat umsetzen. „Wir probieren es einfach aus! Ich rufe Theo an.“

Wenig später kommt Theo mit dem Fahrrad herbeigesaust. Freddy läuft an der Leine nebenher.

Sara hat ihrem Freund am Telefon schon erzählt, was Freddy tun soll. Jetzt hält sie dem Hund gleich die Tüte mit dem weißen Pulver unter die Nase.

„Such!“, sagt Theo.

„Waff-waff“, erwidert Freddy. Er setzt sich hin und blickt Theo mit großen Augen an.

„Such das Pulver!“, sagt Cosmo. Er hält dem Hund noch einmal die Tüte hin. Freddy schleckt Cosmos Hand ab.

„Iiih, ist das nass!“, ruft Cosmo.

Sara kichert. Dann fragt sie Theo: „Hast du ein Leckerli? Damit können wir Freddy bestimmt überreden.“

Doch als Freddy den Hundekeks sieht, wird er richtig aufgeregt. Er springt wie ein Gummiball um Sara herum. Die Leine verknotet sich und Theos Fahrrad kippt um. Was für ein Durcheinander!

„Tut mir leid, Leute“, sagt Theo. „Freddy ist einfach kein Spürhund.“

Sara krault den kleinen Hund. „Macht doch nichts. Dafür ist er so süß!“

Cosmo läuft nachdenklich ein paar Schritte im Kreis. Wie soll es jetzt weiter-

gehen? Als er von den Pflastersteinen hochblickt, entdeckt er plötzlich etwas: Ein paar Häuser weiter ist eine Bäckerei. Er zeigt sie sofort den anderen.

„Na und?“, fragt Sara. „Das ist doch bloß der Bäcker Schulze. Sonntags holen wir da immer Brötchen.“

„Mensch, denkt mal nach!“ Cosmo wirkt ziemlich aufgeregt. „Zucker, Mehl, Salz … Bäcker. Na, klingelt es?“

Sara patscht sich mit der Hand an die Stirn. „Klar! Das Pulver könnte aus der Bäckerei kommen. Nichts wie hin!“

Die Kinder rennen los. Cosmo ist ein bisschen außer Atem, als sie das Geschäft erreichen. Theo guckt missmutig die Ladentür an. *Hunde müssen draußen bleiben* steht da. Er mag es gar nicht, wenn er Freddy irgendwo warten lassen soll. Da fährt er lieber nach Hause.

Cosmo und Sara versprechen, ihm am nächsten Tag in der Schule alles genau zu berichten. Dann betreten die beiden Detektive die Bäckerei. Es duftet köstlich. Am Tresen stehen mehrere Personen und kaufen ein. Andere sitzen an Tischen und trinken Kaffee oder essen Kuchen.

„Und was machen wir jetzt?“, flüstert Sara Cosmo ins Ohr.

„Erst mal beobachten“, wispert er zurück.

Und das tun sie. Weißes Pulver entdecken sie dabei jede Menge: Brote sind mit Mehl bestäubt und auf Brezeln klebt Salz. An der Kaffeetheke steht ein Behälter mit Zucker und einer mit Süßstoff. Ein junger Mann rührt gerade etwas davon in seinen Kaffee.

„Zum Glück ist der Süßstoff kein Pulver. Er sieht aus wie kleine Tabletten“, stellt Sara fest. „Aber Zucker, Mehl und Salz gibt es hier überall.“

Cosmo beobachtet nachdenklich den Mann, der in seiner Tasse rührt. „Das bringt mich auf eine Idee“, sagt er zu Sara. „Wir können noch ein Experiment machen, um weiterzukommen.“

Rasch laufen die Einstein-Detektive zu Sara nach Hause. Dort bereiten sie den Versuch vor. Sie füllen vier Gläser mit

Wasser. In eines geben sie ein Teelöffelchen vom Tatort-Pulver, in die anderen jeweils etwas Mehl, Zucker und Salz. Sie rühren gründlich um und warten dann, bis das Wasser wieder still wird.

Hilf den Einstein-Detektiven und mache das Experiment mit Zucker, Salz und Mehl nach. Finde heraus, was mit den Pulvern im Wasser geschieht.

3. Kapitel

Weißes Pulver überall

Die Einstein-Detektive sehen sich die Gläser genau an.

„Das weiße Pulver vom Tatort hat sich im Wasser aufgelöst“, sagt Sara.

Cosmo geht näher an die Gläser heran. „Zucker und Salz auch. Aber das Mehl – Pustekuchen!“

Sara kichert. „Pustekuchen? Das sagt meine Oma auch immer. Na, jedenfalls sieht es beim Mehl ganz anders aus. Das Wasser ist nicht klar, sondern weiß und trüb. Am Tatort lag also doch kein Mehl – auch wenn es zuerst so aussah.“

Sara und Cosmo freuen sich: Sie haben schon etwas herausgefunden. Aber sie wissen immer noch nicht, um welches

Pulver es sich handelt und wer der Täter ist. Deshalb beschließen sie, sich am nächsten Morgen wieder zu treffen.

„Zum Observieren“, sagt Sara.

„Okay. Auch wenn ich nicht weiß, was das sein soll“, meint Cosmo und grinst.

Am nächsten Tag klingelt Cosmo kurz vor sieben an Saras Haustür. Sara zieht ihn sofort in die Küche.

„Und jetzt obserieren wir?“, erkundigt sich Cosmo. „Wie geht das?“

„Es heißt ob-ser-vie-ren“, erklärt Sara langsam. „Man kann auch beobachten sagen. Das habe ich in einem Buch über Detektive gelesen.“ Sara schiebt Cosmo zum Fensterbrett. Dann fährt sie fort: „Es könnte doch sein, dass der Täter oder die Täterin jeden Morgen hier vorbeikommt. Zum Beispiel auf dem Weg zur Arbeit.“

„Verstehe! Deshalb beobachten wir“, sagt Cosmo und holt Stift und Block hervor. Er will alles genau notieren, was verdächtig ist.

In den nächsten zwanzig Minuten beobachten die beiden Freunde die Menschen vor dem Fenster. Der alte Mann mit dem Gehstock ist zu klein, um der Täter zu sein. Die Frau im Rollstuhl hätte das Fensterbrett auch nicht erreicht.

Ein paar Kinder laufen vorbei, doch sie sind alle nicht groß genug. Zum Schluss sind nur drei Personen verdächtig: ein Mann und zwei Frauen. Aber wie können sie mehr über diese Menschen erfahren? Können vielleicht die Freunde der Einstein-Detektive helfen?

In der großen Pause rennen Sara und Cosmo mit ihren Freunden Cem, Theo und Valentina auf den Schulhof. Cosmo erzählt von ihrem neuen Fall. Er beschreibt die drei verdächtigen Leute, die sie am Morgen vor Saras Haus gesehen haben.

„Kennt ihr sie vielleicht?“, fragt Sara. Sie kann gar nicht still stehen und klettert auf einen großen Stein.

Cem nickt. „Der eine könnte der Vater von Mia aus der 4b sein. Er arbeitet in der Lebensmittelfabrik. Die haben dort sicher weißes Pulver: Aromen, Backpulver und so was …“ Cem beißt in sein Pausenbrot. Es ist ein kunstvolles Sandwich mit Salat, Tomaten und zwei Sorten Käse. Cem liebt alles, was lecker schmeckt.

Valentina murmelt: „Ich glaube, ich kenne die Frau mit den kurzen Haaren. Sie ist Putzfrau in der Nachhilfeschule an der Hauptstraße.“

Cosmo schreibt auf, was Valentina gesagt hat. Dann sieht er sie verwirrt an. „Woher weißt du das? Bekommst du etwa Nachhilfe? Du hast doch super Noten.“

Valentina zuckt mit den Schultern. „Mein großer Bruder geht dahin. Und ich muss manchmal mit, wenn sonst niemand zu Hause ist.“

Sara wirft einen Blick auf die Liste. „Die dritte Verdächtige ist eine Frau mit einem sehr langen Zopf. Ich kenne sie vom

Bäcker. Sie ist dort Verkäuferin. Dass es da weißes Pulver gibt, ist ja klar.“

„Aber was, wenn der Dieb nur ein einziges Mal bei Sara vorbeigekommen ist? Und das war eben gestern?“, erkundigt sich Valentina.

„Dann bekommen wir die Kerze nie zurück“, sagt Cosmo düster.

Sara will die Hoffnung nicht aufgeben. Sie grübelt. Wie können sie herausfinden, wer die Spuren an ihrem Fenster hinterlassen hat? „Wenn wir wenigstens endlich wüssten, was das für ein Pulver ist“, seufzt sie genervt.

Da hat Valentina eine Idee. Sie kennt ein hilfreiches Experiment. Damit lässt sich feststellen, ob sich das Pulver vom Tatort wie Salz oder wie Zucker verhält.

Am Nachmittag kommen Sara und Valentina zu Cosmo. Die drei setzen sich an den Küchentisch. Dort erklärt Valentina genau, wie man den Versuch durchführt.

Zuerst müssen die Kinder etwas basteln. Das macht Cosmo gerne. Er besorgt Alufolie und natürlich die Pulver. Dann reißt er drei Stücke von der Folie ab, ungefähr so groß wie seine Handfläche. Aus dem ersten Stück formt er eine Art Minibratpfanne. In die füllt er einen halben Teelöffel des Tatort-Pulvers.

Sara beobachtet ihn gespannt. „Und nun?“, fragt sie.

Valentina erklärt: „Jetzt brauchen wir noch zwei Minipfannen. Du kannst auch eine basteln.“

Saras Förmchen wird ein bisschen schief, aber das macht nichts. Dann füllen die Detektive jeweils einen halben Teelöffel Zucker und Salz in die beiden neuen Pfännchen.

„Könnt ihr noch ein Teelicht holen?“, erkundigt sich Valentina bei ihren Freunden. Die Pulver sollen nun nämlich heiß gemacht werden.

Da ist Cosmo lieber besonders vorsichtig. Er stellt ein Backblech auf den Tisch. Darauf kommt das Teelicht, das er anzündet.

„So kann wirklich nichts schiefgehen“, sagt Sara. „Das Blech brennt ja nicht und hält Hitze super aus.“

Valentina hat schon den nächsten Wunsch: eine Flachzange. Im Werkzeugkasten von Cosmos Vater gibt es eine. Valentina zeigt Sara, was sie damit machen muss. Vorsichtig klemmt sie die Aluform mit dem Zucker vorne fest.

Sara hält das Pfännchen über die Flamme. „Ohne Zange würde ich mir die Finger verbrennen“, sagt sie. „Die Alufolie wird richtig heiß!“

Ungeduldig starren die Kinder die Pfanne an. Sie müssen einige Minuten warten. Dann geschieht etwas.

„Krass!“, ruft Cosmo plötzlich. „Guckt mal, was mit dem Zucker passiert!“

Was passiert mit den Pulvern, wenn sie heiß werden? Finde es heraus. Mache den Versuch mit Zucker und Salz nach.

4. Kapitel

Die drei Verdächtigen

Aufgeregt halten die Einstein-Detektive und Valentina die Köpfe über das Pfännchen. Der Zucker darin wird hellbraun und flüssig. Er duftet sogar richtig lecker.

„Mmh, das ist Karamell! Nur leider viel zu heiß.“ Cosmo leckt sich die Lippen.

Vorsichtig stellt Sara die Pfanne auf dem Backblech ab. Mit der Zange greift sie die nächste Aluschale.

Nun erhitzen die Einstein-Detektive das Salz. Sie warten und warten, aber es geschieht nichts. Das Salz färbt sich nur an manchen Stellen etwas dunkel.

Als Letztes ist das geheimnisvolle Pulver vom Tatort an der Reihe. Cosmo hält es über die Flamme und Sara tanzt ungeduldig um den Küchentisch. Gespannt beobachten die Freunde die Aluform. Wird sich das Pulver verändern? Und wie sieht es dann aus? Doch nichts geschieht.

„Das ist langweilig“, findet Sara.

„Nee, gar nicht“, meint Cosmo. „Wir wissen jetzt, dass das Pulver vom Tatort ganz sicher kein Zucker ist. Der ist schließlich zu Karamell geworden.“

„Stimmt!“ Nun lächelt Sara wieder. „Aber es könnte Salz sein, denn mit beiden Stoffen ist bei Hitze nichts passiert.“

„Nur … wieso streut ein Dieb Salz auf deine Fensterbank?“, fragt sich Valentina. „Das klingt doch total verrückt.“

Cosmo und Sara überlegen, wie es nun weitergehen soll. Sara kann nicht denken, wenn sie nur im Zimmer herumsitzt. Sie braucht Bewegung! Also laufen die beiden zum Spielplatz.

Valentina geht lieber in die Bücherei. Vielleicht gibt es dort ein Buch mit noch mehr hilfreichen Experimenten.

Auf dem Spielplatz hangelt sich Sara hoch auf das Klettergerüst. Sie fährt Seilbahn und dreht sich auf dem Karussell.

Cosmo sitzt inzwischen nachdenklich auf der Schaukel. Er schaut anderen Kindern zu. Dabei entdeckt er Mia aus der 4b. Sie hockt mit zwei Freundinnen am Rand des Fußballplatzes.

Plötzlich fällt Cosmo etwas ein: Mias Vater ist doch einer der Verdächtigen. Kann Mia den Detektiven vielleicht etwas Hilfreiches verraten?

Cosmo geht hinüber und unterhält sich mit dem Mädchen. Kurz darauf saust er aufgeregt zu Sara zurück. Die balanciert gerade über einen Baumstamm. „Ich hab etwas herausgefunden!“, ruft er ihr zu.

Sara springt in den Sand und macht einen Purzelbaum. „Echt? Was?“

„Halt doch mal eine Sekunde still!“ Cosmo wartet, bis Sara ruhig im Sand sitzt. Dann erzählt er: „Ich habe mit Mia geredet. Ihr Vater war gestern krank. Er war nicht in der Fabrik, sondern ist zu Hause geblieben."

„Also hat er die Kerze nicht genommen. Geht ja gar nicht." Sara freut sich. „Mensch, Cosmo, das hast du super gemacht! Wir sollten auch die anderen Verdächtigen befragen."

Cosmo streckt Sara die Hand hin und zieht sie aus dem Sand hoch. „Ganz genau. Los, wir gehen zum Bäcker. Vielleicht finden wir dort etwas über die Verkäuferin heraus."

Unterwegs überlegen die Detektive, was sie sagen sollen. Sie können die Frau schließlich nicht einfach fragen, ob sie eine Diebin ist! Aber Cosmo hat schon wieder eine gute Idee.

In der Bäckerei in Saras Straße stellen sich die Freunde in die Warteschlange.

Die Frau mit dem Zopf bringt gerade Kaffee und Kuchen zu Gästen an einen Tisch. Genau als sie an Sara und Cosmo vorbeigeht, hält Sara sich den Bauch. Sie jammert laut: „Ooh, uuh, aah …“

Die Frau sieht Sara erschrocken an. „Was ist denn mit dir, Kleine?“, fragt sie freundlich.

„Mir ist plötzlich ganz übel“, behauptet Sara mit zitternder Stimme.

„Setz dich.“ Die Frau stellt ihr Tablett ab und führt Sara zu einem kleinen Tisch. Cosmo folgt den beiden. „Ich bringe dir einen Schluck Wasser. Das hilft ganz bestimmt.“

Kurz darauf ist die Frau mit zwei Gläsern Wasser und einem Teller mit Keksen zurück. „Iss auch eine Kleinigkeit“, rät sie. „Und schön still sitzen, dann wird es gleich besser.“

„Danke“, sagt Sara leise. „Sie sind sehr nett. Aber das sind Sie ja immer, wenn ich hier bin. Gestern zum Beispiel …“

Die Frau unterbricht Sara. „Gestern? Da hatte ich meinen freien Tag und war zu Hause. Aber nun muss ich leider arbeiten. Bleibt ruhig sitzen, bis es dir besser geht.“

„Danke“, sagt auch Cosmo. Ihm ist das Gespräch unangenehm. Die Frau ist so nett – und sie haben sie angeschwindelt … Aber Detektive müssen leider manchmal schwindeln. Zumindest ein bisschen.

Zum Schluss wollen Sara und Cosmo die Frau befragen, die in der Nachhilfeschule sauber macht. Also klingeln sie dort am nächsten Morgen vor der Schule. Sie haben Glück: Die Frau mit den kurzen Haaren öffnet ihnen. Sie hat einen Lappen in der Hand und hinter ihr steht ein Eimer. An ihrem Shirt hängt ein Namensschild mit der Aufschrift *Frau Lehner*.

„Guten Tag, Frau Lehner“, sagt Cosmo. „Ich bin nicht so gut in Mathe und …“ Er zögert.

„Du brauchst Nachhilfe?“, fragt die Frau.

Cosmo zuckt mit den Schultern. Wenn er nichts sagt, muss er nicht schwindeln.

„Ich putze hier nur“, sagt Frau Lehner. „Für Nachhilfe müsst ihr am Nachmittag kommen. Am besten mit euren Eltern.“

„Moment!“ Sara hält die Tür fest. „Wir haben noch eine Frage.“

Cosmo nickt. Aber geschwindelt wird heute nicht mehr. Also fragt er ehrlich: „Sind Sie vorgestern auch hier gewesen?“

Frau Lehner runzelt die Stirn. „Komische Frage. Natürlich, wie jeden Morgen. Vorgestern? … Ach ja, das war der Tag, an dem alles schiefging. Das Mitbringsel für meine Chefin vergessen … die ganze Tüte Soda leer …“ Sie sieht die Detektive an. „Warum wollt ihr das wissen?“

„Nur so“, sagt Cosmo und zieht Sara schnell zurück auf die Straße. „Vielen Dank und auf Wiedersehen!“

Cosmo ist sich sicher: Sie sind auf der richtigen Spur. Doch was mag „Soda“ sein? Vielleicht ein weißes Pulver? Sie wissen es nicht.

Nach der Schule fragt Cosmo seinen Vater. Der kann helfen: Soda ist tatsächlich ein weißes Pulver zum Saubermachen! Aber deshalb muss Frau Lehner ja nicht unbedingt die Täterin sein, oder? Zunächst müssen sie herausfinden, ob es sich bei dem Pulver vom Tatort wirklich um Soda handelt.

Nach einigem Grübeln fällt Cosmo ein Versuch aus der Schule ein. Dabei wurde ein fettiges Blech mit weißem Pulver sauber gemacht. War das Soda oder etwas anderes? Vielleicht hilft ein ähnliches Experiment?

Die Detektive kaufen Soda und holen ein paar Sachen aus der Küche. Damit verkrümeln sie sich in Cosmos Zimmer.

In ein kleines Glas füllt Sara einen Esslöffel Soda und dann Essig, etwa bis zur Hälfte. Genauso macht es Cosmo mit einem zweiten Glas. Aber er nimmt Salz statt Soda. Beide rühren gut um.

„Huch, das schäumt!“, kichert Sara.

Zuletzt legen die Detektive in jedes Glas eine alte, dunkelbraune Fünf-Cent-Münze. Nun müssen sie abwarten. Gebannt starren sie die Gläser an.

„Hä?“, wundert sich Cosmo nach einer Weile. „Das hätte ich nicht gedacht!“

Was hat Cosmo so überrascht? Mache den Versuch nach und finde es heraus.

5. Kapitel

Hilfsdetektivin Clara

Cosmo fischt die Münze aus seinem Glas mit Salz und Essig. Er wischt sie mit einem Küchentuch ab. Eine Schicht Dreck löst sich. Das Geldstück ist viel sauberer als vorher, es glänzt fast wie neu. Die fünf Cent in dem Glas mit Soda und Essig sehen dagegen immer noch schmutzig aus.

„Man kann mit Soda gar nicht richtig sauber machen“, brummt Cosmo.

Nun wird es spannend: Sara und Cosmo führen den Versuch auch mit dem Pulver vom Tatort durch. Es dauert ein wenig, doch dann ist klar: Die Münze wird wieder nicht völlig sauber.

Sara jubelt: „Es ist Soda! Das Pulver vom Tatort ist Soda!“

Cosmo ist sich nicht so sicher. Soda soll ein Putzpulver sein, aber die Münze reinigt es nicht? „Das verstehe ich nicht!"

In diesem Moment kommt Clara ins Zimmer. Cosmos kleine Schwester geht noch in den Kindergarten. „Was verstehst du nicht?", fragt sie neugierig. „Ich versteh das bestimmt. Ich bin schon groß!"

Sara lacht. „Nee, lass mal. Unseren Fall verstehst du sicher nicht."

„Fall? Wer ist hingefallen?", wundert sich Clara. „Ich bin auch mal hingefallen. Ich hab sogar geblutet!" Sie krempelt die Hose hoch und zeigt auf eine kleine Narbe.

Cosmo verdreht die Augen. „Lass uns in Ruhe, Clara! Du hast doch keine Ahnung."

Da guckt Clara richtig traurig. Sofort tun Cosmo seine bösen Worte leid. „Schon okay, du darfst hierbleiben", sagt er. „Vielleicht kannst du uns ja doch helfen."

„Au ja!“ Claras Augen leuchten. „Wie denn? Was soll ich machen?“

„Wir müssen einen Dieb finden“, sagt Sara.

Clara reißt den Mund auf. „Ist das nicht gefährlich?“

Aber Cosmo beruhigt seine Schwester. „Wir sind vorsichtig. Wir brauchen nur eine gute Idee für die Spurensuche.“

„Idee … Idee“, murmelt Clara. „Komm schon, Kopf, spuck was aus …“ Clara zerzaust sich die Haare. Sie hüpft auf und ab. „Die Idee will einfach nicht raus! Ich glaub, ich muss sie rausschütteln. Helft mir mal.“

Sara und Cosmo staunen: Clara will einen Kopfstand machen! Also hält Cosmo ihr rechtes Bein fest und Sara ihr linkes. Aber natürlich klappt das mit dem Herausschütteln der Idee nicht.

Irgendwann sind alle drei erschöpft und lassen sich auf Cosmos Bett plumpsen.

„Ich hab Durst“, sagt Clara und sieht sich im Zimmer nach etwas zu trinken um. Auf dem Schreibtisch stehen noch die Gläser vom letzten Experiment der Einstein-Detektive. „Ist das Limo?“

„Bloß nicht trinken!“, ruft Cosmo sofort.

„Das gehört zu unserem Fall“, erklärt Sara. „In den Gläsern sind Essig und Salz. Und noch etwas, was du bestimmt nicht kennst: Soda.“

Da verkündet Clara grinsend: „Klar kenn ich Soda! Das ist lustig!“

„Hä?“, wundert sich Cosmo. „Woher denn? Und was ist daran lustig?“

Clara erzählt: Beim Geburtstag ihres Freundes Kalle war ein Zauberer zu Gast. Der hat Tücher verknotet und Hunde und Giraffen aus bunt gestreiften Luftballons gebastelt. Er konnte die Ballons sogar aufpusten, ohne dabei seinen Mund zu benutzen.

„Erst haben wir gedacht, er kann echt zaubern“, berichtet Clara. „Aber es war ein Trick. Er hat uns sogar gezeigt, wie das geht. Man braucht dafür Soda und Essig.“

Cosmo wird ganz aufgeregt. Wenn Clara einen spannenden Trick mit Soda kennt, müssen sie den nachmachen. Der könnte ihnen tatsächlich helfen, den verzwickten Fall zu lösen!

Clara zeigt den Detektiven, was zu tun ist. Zuerst holen sie zwei leere Flaschen und füllen in jede drei Finger hoch Essig. Dann stecken sie einen Trichter in den Hals eines Luftballons. Das macht es leichter, einen Esslöffel Soda in den Ballon rieseln zu lassen. Zuletzt ziehen sie die Öffnung des Luftballons weit auf und stülpen sie über den Hals einer Flasche. Dabei hängt der Ballon an der Seite der Flasche herunter. Es darf noch kein Pulver in die Flasche rieseln!

Genauso machen sie es mit einem zweiten Luftballon und dem Pulver vom Tatort.

„Uff, das war gar nicht so einfach“, stöhnt Cosmo.

„Ich zähle bis drei“, sagt Clara. „Eins … zwei … drei!“

Cosmo und Sara heben beide einen Ballon hoch. Das Pulver rieselt in die Flasche.

Die Augen von Sara und Cosmo werden groß und größer. Dann fangen die beiden Detektive an zu lachen.

Was ist so lustig? Mache den Versuch nach und finde heraus, was dabei passiert.

6. Kapitel

Detektive gut, alles gut

Kichernd klatscht Clara in die Hände. „Hab ich doch gesagt! Der Luftballon wird aufgeblasen, ohne dass jemand pustet."

Cosmo lässt die Flaschen nicht aus den Augen. „Wie heftig das schäumt, wenn Soda und Essig sich mischen. Da entsteht irgendein Gas, das den Ballon füllt."

Am besten aber ist, dass es in beiden Flaschen passiert. Nun sind die Detektive sicher: Das Pulver vom Tatort ist Soda!

„Danke, Clara!" Cosmo drückt seine kleine Schwester kurz an sich.

Sara schlägt mit ihr ein. „Ohne dich hätten wir das nie geschafft."

Da wird Clara so rot wie der Luftballon auf der Flasche.

Jetzt ist für die Einstein-Detektive auch klar: Frau Lehner, die Putzfrau, hat die Kerze genommen. Dabei muss ihr Soda auf die Fensterbank gerieselt sein. Aber was sollen die Freunde nun tun? Ihren Eltern Bescheid sagen? Oder vielleicht die Polizei holen?

„Nee, zuerst brauchen wir Beweise“, sagt Cosmo bestimmt. Zusammen mit Sara schmiedet er sofort einen Plan.

Früh am nächsten Morgen verstecken sich die Einstein-Detektive vor Saras Haus. Als Frau Lehner vorübergeht, schleichen Sara und Cosmo ihr hinterher.

Cosmo ist nicht so gut im Schleichen. Mehrmals stolpert er und fällt fast hin. Einmal sagt er viel zu laut: „Upsi!“

Sara funkelt ihn böse an. Sie selbst geht so leise wie ein Luchs im Wald. Sie versteckt sich hinter Werbeschildern, Bushaltestellen und anderen Menschen.

Frau Lehner bemerkt die beiden nicht. Der Weg zur Nachhilfeschule ist ja kurz.

„Und jetzt?“, flüstert Cosmo. „Wir wussten doch schon, dass sie da reingeht.“

„Pssst!“, zischt Sara. „Detektive verfolgen eben. Jetzt müssen wir ins Haus.“

Cosmo schnappt hörbar nach Luft. „Wir können doch nicht einbrechen!“

Sara zögert. „Stimmt. Aber auf einen Baum klettern können wir – zumindest ich. Du hältst hier Wache.“

Vor dem Haus wächst eine große, alte Eiche. Mühelos zieht Sara sich an den Ästen hoch. Cosmo bleibt unter dem Baum stehen. Immer wenn jemand vorbeigeht, guckt er in den Himmel, als würde er nach dem Wetter sehen. In Wirklichkeit beobachtet er Sara beim Klettern. Ein

dicker Ast ragt an das Haus heran. Auf diesem robbt sie langsam vorwärts. So kommt sie ziemlich nah an ein Fenster. Dort bleibt sie liegen und beobachtet, was im Haus passiert.

Cosmo wird immer aufgeregter. Erstens hat er Angst, dass sie erwischt werden. Zweitens fängt die Schule bald an. Und drittens möchte er natürlich unbedingt wissen, was Sara sieht.

Endlich klettert seine Freundin nach unten. Ihre Augen leuchten. „Ich konnte in eine Küche gucken“, sagt sie. „Frau Lehner stand mit dem Rücken zu mir am Tisch und hat in ihrer Tasche gewühlt. Dann ging sie raus und ich hab gesehen, was auf dem Tisch stand. Nämlich … Rate mal!“

„Soda?“, fragt Cosmo.

„Viel besser: meine Kerze!“ Sara streckt beide Fäuste in die Luft wie eine Siegerin beim Sport. Cosmo grinst wie ein Honigkuchenpferd. Nun ist wirklich klar: Frau Lehner hat die Kerze gestohlen!

In diesem Augenblick verlässt Frau Lehner das Haus. Sara und Cosmo sehen sich kurz an. Dann nimmt Cosmo all seinen Mut zusammen und stellt sich ihr in den Weg.

„Ach, ihr seid es“, sagt Frau Lehner überrascht. „Sucht ihr immer noch Nachhilfe?“

Cosmo schüttelt den Kopf. „Nein, wir suchen eine Kerze. Eine mit einer gelben Sonne, einer roten Blume und einem blauen Vogel.“

Die Frau wird blass.

Sara erklärt: „Die Kerze gehört mir. Sie haben sie genommen und dabei auf der Fensterbank Soda verloren. Stimmt's oder haben wir recht?“

Frau Lehner lässt den Kopf hängen. „Oh, Kinder, das ist mir ja so peinlich! Ihr müsst mich für eine Diebin halten."

Sara und Cosmo sagen nichts.

„Irgendwie bin ich das ja auch", gibt Frau Lehner zu. „Wisst ihr, an dem Morgen hatte meine Chefin Geburtstag. Alle Mitarbeiterinnen sollten eine Kleinigkeit mitbringen: Sekt, etwas zu naschen, ein kleines Geschenk. Nur ich habe es vergessen! Und da habe ich die Kerze entdeckt. Ich wollte eigentlich Geld auf die Fensterbank legen – als Bezahlung. Als ich in meiner Tasche wühlte, habe ich den Beutel Soda kurz abgestellt. Er hatte wohl ein Loch …"

„Und das Geld?", fragt Sara.

„Ich hatte kein Kleingeld dabei", gibt die Frau zu. „Also … hab ich die Kerze so mitgenommen. Dann bekam ich ein schlechtes Gewissen und wollte sie nach der Arbeit zurückstellen. Aber meine Chefin fand sie wunderschön und wollte sie unbedingt behalten … Ihr glaubt ja nicht, wie schlecht ich mich gefühlt habe! Eigentlich bin ich immer ehrlich.“

Sara stemmt die Hände in die Seiten. Die Frau hat die Kerze geklaut. So etwas darf man nicht!

Doch Cosmo kann sie ein wenig verstehen. „Es war ja nur eine selbst verzierte Kerze“, sagt er. „Ich kann für Sara noch eine machen. Aber nur, wenn Sie die neue Kerze und das bunte Wachs bezahlen.“

„Natürlich, Kinder! Das tut mir alles schrecklich leid!“, sagt Frau Lehner. Sie ist immer noch ganz verlegen.

Sara muss plötzlich grinsen. „He, Cosmo, du bist nur so großzügig, weil die Chefin deine Kerze wunderschön findet.“

„Stimmt!“ Cosmo zwinkert ihr zu. „Und weil ich mich wirklich freue, dass wir den Fall gelöst haben.“

Sara hält die Hand zum Einschlagen hoch. „Wir waren echt spitze! Aber wir hatten auch Hilfe: von Theo und Freddy, von Valentina und Cem – und natürlich von Clara.“

Cosmo grinst glücklich. „Die werden sich ebenfalls freuen. Schlag ein!“